KB206457

　이 이야기는 제주도 구좌읍 한동리에 전해져오는 설화를 새로 꾸며 지은
것이다. 이 책에 나오는 부 훈장님은 실제 존재했던 조선 말기 유학자(부계
웅 1838~1909)로 성품이 온순하고 영민하였으며 과묵하여 어려서부터 선
친에게서 한학과 시문을 가르침 받았다. 19세의 나이에 사서오경을 통달하였
으며, 천기학, 성리학, 지리학, 도술에도 심취하여 축지법까지 썼다고 한다. 여
러 지역에서 서당 훈장을 하면서 정성을 다해 가르치자 그의 가르침을 받고
자 하는 이들이 날로 늘어 말년에 이르기까지 후학 양성에 열정을 기울였다.

　이웃 마을 덕천리에서 훈학할 때는 도깨비가 등불을 켜서 밤길을 다녔다
하고, 도깨비를 자유자재로 부려서 어부들을 위해 고기 떼를 한꺼번에 몰아
오게 했다고 한다. 또, 장터에서 수탉과 나막신을 싸움질시키는 도술을 부렸
다고도 전해진다. 또한 두 아들도 부친의 대를 이어 훈장을 하며 널리 알려
졌다고 한다.

글 부복정

제주에서 나고 자랐습니다.
제주작가 신인상 수상(2012), 불교신문 신춘문에 당선(2013)으로 작품활동을 시작했습니다.
동화집으로 《왜 내가 먼저 양보해야 돼?》, 《행복바이러스》(공저),
《뚜럼허당》, 《드르에 불 낭 덩싹덩싹》, 《엄마의 봄》, 《똥군해녀 순백이》가 있습니다.
vkdlsvheh@haamail.net

그림 한항선

섬과 육지를 오가며 그림을 그리고 토이를 만듭니다.
자연과 신화에서 작업의 모티브를 얻고, 그 세계에서 비롯한 판타지를 꿈꾸며,
많은 사람들과 함께하는 이야기를 담아내고자 합니다.
mikistly1@naver.com

글 나와라, 뚝딱!

2019년 12월 31일 초판 1쇄 발행

지은이 부복정
그린이 한항선
제주어 감수 사단법인 제주어연구소

펴낸이 김영훈
편집인 김지희
디자인 부건영, 나무늘보
펴낸곳 한그루
　　　　출판등록 제6510000251002008000003호
　　　　제주특별자치도 제주시 복지로1길 21
　　　　전화 064-723-7580　전송 064-753-7580
　　　　전자우편 onetreebook@daum.net 누리방 onetreebook.com

ISBN 979-11-90482-06-6　77810

값 15,000원

제주설화 – 도깨비 이야기

글 나와라, 뚝딱

글 부복정
그림 한항선

한그루

옛날, 제주도에 도깨비가 자주 나타나는 마을이 있었어.
"불이야, 불! 도깨비가 불을 냈다."
도깨비들은 툭하면 튀어나와서 사람들을 겁에 질리게 했어.

옛날, 제주도에 도체비가 주주 나타나는 므을이 이서난.
"불이여, 불! 도체비가 불을 내왓져."
도체비덜은 툭ᄒ민 튀어나왕 사름덜을 겁나게 헤서.

마을에서 존경을 받는 부 훈장님은 가만있을 수가 없었어.
"네 이놈들! 꼼짝 말거라."
부 훈장님은 고함치며 허공에 붓을 휘둘러 글자를 썼어.
도깨비들이 옴짝달싹 못했어.
"다시는 마을에 장난을 치지 않겠다고 약속하면 풀어주마."
혼쭐이 난 도깨비들은 약속을 하고 얼른 도망쳤어.

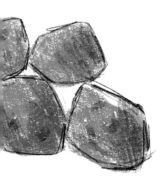

무을서 존경을 받는 부 훈장님은 ㄱ만이실 수가 웃언.
"네 이놈덜! 꼼짝 말라."
부 훈장님은 웨울르멍 허천더레 붓을 휘둘렁 글줄 써서.
도체비덜이 옴찍돌싹 못ㅎ연.
"따신 무을에 자파릴 아녀켄 약속ㅎ믄 풀어주마."
혼쭐이 난 도체비덜은 약속헤뒁 어ㄱ라 도망쳐서.

도깨비나라에 금세 소문이 났어.
"한동리에 뿔이 여러 개인 부 훈장이 있다. 우리보다 도술이 세다."
훈장님이 쓴 모자가 마치 뿔 달린 것처럼 삐죽삐죽했거든.
아기 도깨비 호야도 소문을 듣고 귀가 쫑긋했어.

도체비나라에 곳 소문이 나서.
"한동리에 뿔이 오라 개인 부 훈장이 싯져. 우리보단 도술이 쎄어."
훈장님이 쓴 모즈가 똑 뿔 돌린 것추룩 주짝주짝ᄒ엿주기.
아기도체비 호야도 소문 들언 귀가 쫑긋헤서.

"역시 우리 훈장님이야."
사람들은 부 훈장님을 더 우러러봤고,
여기저기서 글을 가르쳐 달라고 청했어.
부 훈장님은 먼 길도 마다 않고 아이들을 가르치러 다녔지.
"하늘 천, 따 지."
"검을 현, 누를 황."
글 읽는 아이들의 목소리가 또랑또랑했어.
그때, 푸른 불빛 하나가 서당 주위를 맴돌았어.
호야였어.

"역시 우리 훈장님이여."
사름덜은 훈장님을 더 우터레 베리곡,
이디저디서 글을 ᄀ르쳐 도렌 청ᄒ여서.
부 훈장님은 먼먼ᄒ 질도 말덴 아년 아의덜을 ᄀ르치레 뎅겻주.
"하늘 천, 따 지."
"검을 현, 누를 황."
글 익는 아의덜 목청이 또랑또랑ᄒ여서.
그때, 푸리롱ᄒ 불빗 ᄒ나가 서당 ᄉ방을 감장돌아.
호야여서.

"진짜 뿔이 여러 개네. 저기서 도술이 나오나?"
호야는 궁금해서 부 훈장님을 따라다녔어.
부 훈장님은 늘 책을 읽거나 글을 읊었어.
자꾸 듣다 보니 호야 입에서도 술술 나왔어.
"하늘 천 따 지…."

"춤말 뿔이 오라 개여. 저디서 도술이 나왐신가?"
호얀 굼굼ㅎ연 부 훈장님을 뜨라뎅겨서.
부 훈장님은 느량 첵을 익거나 글을 을퍼.
자꼬 듣단 보난 호야 입이서도 술술 나오란.
"하늘 천 따 지…."

그러던 어느 날, 부 훈장님이 모자를 벗어뒀어.
"어어, 뿔이다! 저걸 내가 쓰면 되겠네."
호야는 기회다 해서 모자를 슬쩍 쓰곤 도술을 걸어봤어.
전혀 소용없었어. 호야는 부 훈장님의 도술이 뿔 때문이 아니란 걸 알았어.

경흐던 어느 날, 부 훈장님이 모줄 벗어둔 거라.
"어어, 뿔이여! 저걸 나가 쓰민 뒈키여."
호얀 기회다 헨에 모줄 슬짝 썬 도술을 부려서.
느시 소용웃언. 호얀 부 훈장님의 도술이 뿔 따문이 아니렌 흔 걸 안 거라.

호야는 계속 부 훈장님을 따라다녔어.
이번엔 아주 재밌는 구경거리를 봤어.
부 훈장님이 백지에 글자를 쓰고 마당으로 휙 던지니,
나막신 두 짝이 마주 보고 서서 닭싸움하듯 싸우는 거야.
조금 있다, 다시 뭔가 써서 홱 내던지니 나막신이 가만히 있었어.

호얀 계속 부 훈장님을 뜨라뎅겨서.
이번인 잘도 재미진 귀경거릴 베련.
부 훈장님이 백지에 글잘 썬 마당더레 휙 데끼난,
남신 두 짝이 마주 베리멍 산에 독싸움ᄒ듯 쌉는 거라.
ᄒ끔 싯당, 뜨시 무신걸 썬 홱 들러데끼난 남신이 ᄀ만이 신 거라.

"저 정도는 나도 할 수 있겠는걸."
호야는 도깨비방망이를 휘두르며 주문을 외웠어.
"글 나와라, 뚝딱!"
"글 나와라, 뚝딱!"
아무리 방망이를 두드려 봐도 글자는 코빼기도 비치지 않았어.
"글이 무서운 거였네. 나도 배워야겠어!"

"저 정도사 나도 흐여지키여."
호얀 도체비방망일 휘둘르멍 주문을 웨와서.
"글 나오라, 뚝딱!"
"글 나오라, 뚝딱!"
아명 마껠 두드려 봐도 글잔 코빼기도 비추지 아년 거라.
"글이 무스운 거랏구나. 나도 베와사키여!"

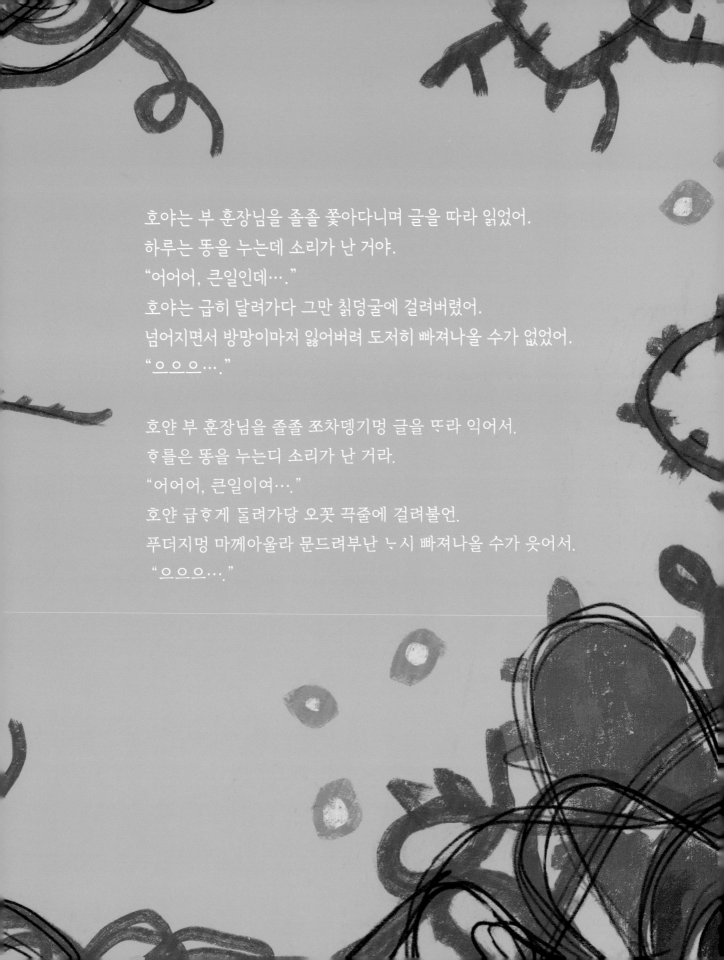

호야는 부 훈장님을 졸졸 쫓아다니며 글을 따라 읽었어.
하루는 똥을 누는데 소리가 난 거야.
"어어어, 큰일인데…."
호야는 급히 달려가다 그만 칡덩굴에 걸려버렸어.
넘어지면서 방망이마저 잃어버려 도저히 빠져나올 수가 없었어.
"으으으…."

호얀 부 훈장님을 졸졸 쪼차뎅기멍 글을 뜨라 익어서.
ᄒᆞ를은 똥을 누는디 소리가 난 거라.
"어어어, 큰일이여…."
호얀 급ᄒᆞ게 돌려가당 오꼿 끅줄에 걸려불언.
푸더지멍 마께아울라 문드려부난 ᄂᆞ시 빠져나올 수가 웃어서.
"으으으…."

부 훈장님이 울음소릴 듣고 덤불 속에 엎어져 있는 호야를 찾아냈어.
"쯧쯧쯧, 어쩌다 이리 됐니? 엄청 꼬였구나."
부 훈장님은 호야가 도깨비인 걸 알고도 아무렇지 않게 칡덩굴을 풀어줬어.
"됐다. 다리를 움직여 보거라."
호야는 다리를 까딱거리다 활짝 웃고는 방망이를 찾아왔어.

부 훈장님이 울음소릴 들언 덤벌 소곱이 엎더정 신 호얄 촛아내엇어.
"쯧쯧쯧, 어떵ᄒ당 영 뒈시? 잘도 얽어져신게."
부 훈장님은 호야가 도체빈 걸 알멍도 아무충도 아녀게 끅줄을 풀어줨.
"뒛져. 다릴 움직거려 보라."
호얀 다릴 ᄁᆞ딱거리단 혜삭이 웃언게마는 마껠 촛아완.

방싯방싯 웃던 호야가 별안간 훈장님의 책보를 가리키며 떼를 썼어.

"하늘 천 따 지 해줘."

"천자문을 아는 도깨비도 있네. 허허허, 좋다.

도깨비고 사람이고 공부를 하겠다면 가르쳐줘야지."

부훈장님은 먼저 읊고 따라 하게 했어.

"하늘 천 따 지."

"하늘 천 따 지."

"제법이구나. 자, 다음은….."

벵삭벵삭 웃단 호야가 삘안간 훈장님의 쳌포를 ㄱ르치멍 뗄 써서.

"하늘 천 따 지 ㅎ여줘."

"천자문을 아는 도체비도 잇네. 허허허, 좋다.
도체비고 사름이고 공븰 ㅎ켄 ㅎ민 ㄱ르쳐줘사지."

부 훈장님은 문첨 을펑 따라 ㅎ게 헤서.

"하늘 천 따 지."

"하늘 천 따 지."

"제법인게. 자, 다음은⋯."

도깨비나라에도 전해졌어.
"호야가 글을 배운다! 우리보다 도술이 세질 거다!"
호야가 부러운 도깨비들은 숨어서 지켜봤어.
어떤 도깨비는 따라 하기도 했어.
"이놈들! 거기 숨지 말고 떳떳하게 나와서 읊어라."
부 훈장님의 호령에 도깨비들은 쭈뼛거리며 앞으로 나왔어.
그리고 함께 공부했어.

도체비나라에도 전해진 거라.

"호야가 글을 베왐쪄! 우리보단 도술이 쎄지켜!"

호야가 불룬 도체비덜은 곱아근에 직ᄒ엉베럿주.

어떤 도체빈 ᄄᆞ라 ᄒᆞ기도 ᄒᆞ연.

"이놈덜! 그디 곱지 마랑 떳떳ᄒᆞ게 나오랑 을프라."

부 훈장님의 호령에 도체비덜은 춤막거리멍 앞더레 나와서.

경ᄒ영 ᄒᆞᆫ디 공븨ᄒᆞᆫ 거라.

날마다 숲속에 불이 훤하게 켜졌어. 도깨비서당이 생긴 거야.
호야와 도깨비들은 부 훈장님의 가르침을 받고 착한 마음을 갖게 됐어.
훈장님의 밤길도 밝혀주고, 필요한 일에는 앞장서서 도왔지.
그렇게 서로 도우며 친구가 된 거야.

날마다 곶소곱이 불이 훤ᄒ게 싸져. 도체비서당이 셍긴 거라.
호야광 도체비덜은 부 훈장님의 ᄀ르침을 받안 착ᄒ ᄆ음을 ᄀ지게 뒈어서.
훈장님의 밤질도 붉혀주곡, 필요ᄒ 일에 앞장사근에 도웨연.
경 서로 도웨멍 친구가 뒌 거라.

사람들은 부 훈장님을 자랑스러워했어.
"우리 훈장님은 도술에 능하다네."
"우리 훈장님은 도깨비도 마음대로 부린다네."
노래는 꼬리에 꼬리를 물고 날개 단 듯 퍼져갔어.

사름덜은 부 훈장님을 자랑스러워헤서.
"우리 훈장님은 도술에 능흔다."
"우리 훈장님은 도체비도 무음 냥 부린다."
놀레는 꼴리에 꼴리를 물엉 놀개 든 듯 퍼져갓주.

밤낮없이 사람들이 찾아왔어.
"물고기가 잡히지 않아 살기가 힘듭니다. 도와주세요."
부 훈장님이 뭐라 귀띔하자,
도깨비들이 재빠르게 불빛으로 변해서 바다 위를 날아다녔어.
삽시간에 고기떼가 몰려들어 어부들을 행복하게 했어.
그 후로도 도깨비들과 부 훈장님은 옳은 일에는 마다 않고 나섰어.

밤낮읏이 사름덜이 촛아와서.
"궤기가 잡히지 아년 살기가 심드우다. 도와줍서."
부 훈장님이 무시거렌 귀테우난,
도체비덜이 화륵ᄒ게 불빗으로 벤ᄒ영 바당 우일 놀아뎅겨.
흔 어이에 궤기떼가 담아들언 보제기덜을 지꺼지게 ᄒ여서.
그 후제도 도체비덜광 부 훈장님은 옳은 일엔 말덴 아녕 나사서.

세월이 흘러 부 훈장님이 돌아가시자 호야도 도깨비들도 사라졌어.
그런데 비가 추적추적 내리는 날이면
그 숲에서 천자문 읊는 소리가 난다고 해.
"하늘 천 따 지….."
"하늘 천 따 지….."

세월이 흘렁 부 훈장님이 파ᄒ난 호야도 도체비덜도 사라젼.
경흔디 비가 주룩주룩 오는 날이민
그 곳디서 천자문 을프는 소리가 난덴 ᄒ여.
"하늘 천 따 지⋯."
"하늘 천 따 지⋯."